Fabienne Catelin

Lion

LES COUPLES ASTROLOGIQUES
Quel partenaire est fait vraiment pour vous amis Lion

FC Editions

Graphisme de la couverture : Fabienne Catelin
Textes : Fabienne Catelin
Site internet : www.fabiennecatelin.com

Dépôt légal : Novembre 2019
ISBN : 9782955785485
Copyright 2019 : Fabienne Catelin

Lors d'une rencontre sentimentale, nous avons toujours pour habitude de montrer le meilleur de nous-même, ce qui n'est peut-être pas toujours le reflet de la réalité. Nous avons tous des défauts que nous nous efforçons de dissimuler afin de ne pas passer à côté de la bonne personne. Mais, en réalité et au fil des mois, nous découvrons parfois que ce que nous vivons ne correspond pas à ce que nous attendions. Aussi et afin de vous aider à mieux comprendre votre partenaire, j'ai dressé pour vous des portraits amoureux en fonction de vos signes respectifs. Vous pourrez ainsi avoir une idée bien plus précise de ce qui vous attend et de la manière dont vous devez ou pouvez agir pour que votre relation puisse connaitre une belle histoire ou prenne un nouveau départ.

- **Caractéristiques du signe du Lion**
- Madame Lion et Monsieur Bélier
- Madame Lion et Monsieur Taureau
- Madame Lion et Monsieur Gémeaux
- Madame Lion et Monsieur Cancer
- Madame Lion et Monsieur Lion
- Madame Lion et Monsieur Vierge
- Madame Lion et Monsieur Balance
- Madame Lion et Monsieur Scorpion
- Madame Lion et Monsieur Sagittaire
- Madame Lion et Monsieur Capricorne
- Madame Lion et Monsieur Verseau
- Madame Lion et Monsieur Poisson
- Monsieur Lion et Madame Bélier
- Monsieur Lion et madame Taureau
- Monsieur Lion et Madame Gémeaux
- Monsieur Lion et Madame Cancer
- Monsieur Lion et Madame Lion
- Monsieur Lion et Madame Vierge
- Monsieur Lion et Madame Balance
- Monsieur Lion et Madame Scorpion
- Monsieur Lion et Madame Sagittaire
- Monsieur Lion et Madame Capricorne
- Monsieur Lion et Madame Verseau
- Monsieur Lion et Madame Poisson

LE LION

Pour être né (e) sous le signe du Lion, il faut que le
Soleil traverse ce signe entre le 23 juillet et le 22 aout.
Le Lion est un signe de feu (chaud et sec), signe fixe,
diurne, commandant et masculin dont le maitre mot est
la Vitalité
Le Soleil s'y trouve en domicile et Neptune en
exaltation tandis qu'Uranus, Saturne et Jupiter y sont
respectivement en exil et en chute.
Il est l'ardeur, la force, l'autorité mais aussi le pouvoir
que le sujet aime à posséder et qu'il doit apprendre a
gérer tout au long de sa vie afin d'éviter de sombrer
dans l'excès. Il est synonyme de stabilité, de noblesse et
peut amener les natifs à devenir chef d'entreprise,
homme politique voir encore navigateur.
Mais il est aussi la colère, l'excès, la vantardise et
l'orgueil, tant de choses qui, si elles ne sont pas
dépassées, auront tendance a mener le natif sur des
chemins difficiles voire parfois insurmontables tant il
aura su se faire des ennemis qui ne permettront pas son
ascension. En somme, le Lion doit apprendre a faire fi
de tous les excès s'il veut espérer avancer vers une
belle destinée, et ici, rien n'est moins simple.

Madame Lion face aux hommes du zodiaque

Madame LION face à Monsieur BELIER

Le feu est ici à l'honneur avec ce couple que forment madame Lion et monsieur Bélier. Cela laisse présager une énergie débordante mais aussi quelques coups de dents tant leur caractère est puissant.

Madame Lion est souvent fière d'elle-même, et de ce qu'elle représente et ce trait de caractère attirera monsieur Bélier qui pourra être fasciné par la confiance en elle qui se dégage de sa belle. Mais, pour autant monsieur Bélier, indépendant et parfois peu diplomate, n'en perdra pas son caractère impulsif tant dans ses actions que dans ses propos d'où quelques remarques incisives dont lui seul à le secret mais qui ont souvent le mérite de tomber juste.

Madame Lion aime la puissance, l'argent et n'a, le plus souvent, qu'un objectif, celui de réussir. Monsieur Bélier, lui, possède l'énergie dont madame Lion a besoin et sera toujours prêt à l'aider, l'épauler, lui montrant le chemin qu'elle doit emprunter pour se faufiler vers le succès. Mais attention, car monsieur Bélier, électron libre, court souvent plusieurs idées à la fois d'où le danger pour madame Lion, de se perdre quelque peu.

Madame Lion est parfois excentrique mais cela ne dérange en rien monsieur Bélier qui apprécie ce trait de caractère qu'il possède lui aussi, bien que cela ne se manifeste pas chez lui de la même manière que chez madame Lion. Madame Lion sait souvent ce qu'elle veut mais il arrive parfois qu'elle se berce d'illusion quant à ses projets ou qu'elle perde la foi si elle rencontre de trop nombreux obstacles. Et c'est là que monsieur Bélier peut devenir indispensable à madame Lion car, tout feu tout flamme, il ne renonce que rarement.

Au foyer, madame Lion appréciera que monsieur Bélier soit toujours plein de projets en tête, ce qui lui donnera l'impression d'être importante pour lui, qu'il partage sa vie a cent pour cent et qu'il s'investit totalement dans leur histoire mais, à y regarder de plus près, madame Lion se rendra compte que monsieur Bélier parle ou agit parfois trop, mais qu'il se lasse rapidement sans vraiment mener à terme tout ce qu'il aura entrepris. De ce fait, et malgré les sentiments que monsieur Bélier pourra manifester pour elle, madame Lion se devra d'avancer avec prudence vers une chose à la fois afin d'être certaine de ne pas faire fausse route. Elle devra également réfléchir le plus souvent pour deux et éviter les ébauches de résolutions.

Sexuellement, l'attirance entre madame Lion et monsieur Bélier sera inévitable, et cela pourra parfois palier aux moments compliqués qu'ils rencontreront inéluctablement. Mais, s'ils parviennent à se découvrir, a se comprendre et surtout à s'accepter, alors leur histoire d'amour pourra se prolonger aussi longtemps que l'un et l'autre ne se lassera pas de l'un ou l'autre !

Madame LION face à Monsieur TAUREAU

Madame Lion, signe de feu rencontre monsieur Taureau, signe de terre, et c'est ici que commence une histoire pour le moins particulière. Madame Lion et monsieur Taureau ont en commun l'amour de l'argent et de la possession matérielle. Toutefois, chacun a une façon bien particulière de concevoir sont rapport à l'argent. Monsieur Taureau est économe voire même plutôt radin tandis que madame Lion est dépensière notamment pour des dépenses de prestige. Certes, ils aiment tous deux être bien habillés et vivre dans une somptueuse demeure mais madame Lion a besoin de le montrer et pour elle, l'argent est son moyen car quel intérêt de posséder des avoirs si ce n'est pour rendre jalouse les copines. Elle est ainsi, elle aime les signes extérieurs de richesse même si elle doit se priver pour cela d'autre chose.

Madame Lion est entêtée alors que monsieur Taureau est obstiné et parfois peu accessible à la discussion. Madame Lion aime paraitre et sentir qu'on l'admire alors que monsieur Taureau peut n'y porter aucun intérêt tant il se suffit à lui-même. Madame Lion est susceptible et monsieur Taureau est taquin quand il ne devient pas méchant parfois avec ses réflexions plutôt désagréables qui ne peuvent que mettre en colère madame Lion. Monsieur Taureau est possessif et égoïste, ce qui créera parfois des relations tendues car madame Lion devra, contre toute attente se plier à son comportement afin d'éviter les manifestations de sa colère. Poussée à bout, il arrivera que madame Lion manifeste tres fort son mécontentement mais il faut bien le dire, elle sera toujours plus ou moins craintive face à ce monsieur Taureau qui peut aussi quelquefois donner dans la violence.

Alors, certes, madame Lion se sentira attirée par monsieur Taureau et séduite par sa force physique mais il risque d'en résulter une relation passionnelle et conflictuelle qui ne sera jamais vraiment de tout repos !

Madame LION face à Monsieur GEMEAUX

Personne n'attache monsieur Gémeaux s'il ne le souhaite pas et c'est ici la tâche difficile que peut se donner madame Lion qui n'aime guère qu'on lui résiste. Madame Lion aime paraitre et Monsieur Gémeaux a souvent beaucoup d'amis et une vie sociale tres riche qui fera le plaisir de madame Lion, tres attachée à son image. Ils auront donc en perspective de nombreuses sorties et de nombreuses réceptions à envisager pour le plus grand plaisir de madame Lion.

Toutefois, il arrive que madame Lion soit un peu naïve face à ce monsieur Gémeaux plein de délicatesse. Tout comme la lame du tarot, le bateleur, monsieur Gémeaux possède l'art et la manière de vous bercer d'illusions, vous donnant le sentiment d'être la seule et unique femme de sa vie. Il saura vous charmer, vous câliner, vous dire exactement ce que vous souhaitez entendre et madame Lion aura toutes les peines du monde à ne pas s'y laisser prendre, surtout à cause de sa vanité qu'elle s'efforce souvent de bien dissimuler à celui qui ne la connait pas encore suffisamment. Tel un caméléon, monsieur Gémeaux se modèlera à l'image qu'elle souhaite avoir de lui.

Toutefois, madame Lion sait réfléchir et une fois la vérité dans son esprit mise à nue, elle comprendra que monsieur Gémeaux n'est pas celui qui peut lui offrir ce qu'elle attend. Il n'est pas matérialiste, il aime le sexe mais celui-ci ne contrôle pas sa vie, et il est suffisamment centré sur lui-même pour ne pas faire de sacrifices pour madame Lion. Armée de toutes ces vérités qui auront souvent tendance à lui exploser à la face, madame Lion, fière, pourra tout de même essayer de lui faire entendre raison car elle n'aime pas perdre mais elle s'apercevra que cela reste en vain et qu'il ne sera pas celui qui peut lui offrir une vie dorée, fortunée mais bien plutôt la conduire à vivre au-dessus de ses moyens ce qui très vite lui fera connaitre de lourdes difficultés financières qu'elle aura toutes les peines du monde à assumer.

En somme, madame Lion fera avec monsieur Gémeaux l'experience désagréable d'une relation a sens unique et, avant qu'elle ne le comprenne, elle se sera investi plus que de raison pour une relation somme toute terriblement médiocre !

Madame LION face à Monsieur CANCER

Deux tempéraments bien distincts se rencontrent ici et cela non sans difficultés, surtout si madame Lion ne joue pas le jeu. En rencontrant monsieur Cancer, madame Lion comprendra vite qu'elle a trouvé celui qui peut prendre soin d'elle. Gentil, attentionné, monsieur Cancer en deviendra même un peu pénible aux yeux de madame Lion qui n'aime toutefois pas être considérée comme une poupée fragile. D'ailleurs, il arrivera plutôt fréquemment que madame Lion se montre brusque autant en attitudes qu'en paroles, ce qui affectera monsieur Cancer même s'il n'en montre rien car il est tout intérieur.

Madame Lion aime sa famille et n'a souvent que faire de celle des autres, mais, avec monsieur Cancer, elle devra s'habituer à une toute autre vie. Bien que discret et tranquille, monsieur Cancer est souvent un homme populaire et apprécié d'une multitude de personnes qu'il prendra plaisir à voir et à recevoir. Il est donc indispensable que madame Lion s'adapte à l'environnement de son monsieur Cancer afin de pouvoir évoluer avec lui en toute harmonie.

Mais ce n'est pas le seul souci que rencontrera madame Lion. Elle devra aussi s'adapter au caractère tres changeant de monsieur Cancer qui est à la fois capricieux, versatile, directif ou soudainement très gai et expressif. Pour madame Lion, cela n'est guère facile a supporter car elle aime tout de même savoir où elle met les pieds.

Tout autant, madame lion aime être rassurée sur les sentiments que l'autre lui porte, voire même apprécie d'être admirée. Or, avec monsieur Cancer, elle devra faire face à des attitudes auxquelles elle n'est nullement préparée. Elle se sentira tout à la fois aimée et désirée mais par moment ressentira peut-être un éloignement tres net de son monsieur Cancer, celui-ci ayant besoin de prendre ses distances pour mieux revenir. Pas certaine que cela puisse satisfaire madame Lion qui aime la constance en amour.

Ajoutons que madame Lion est plutôt patiente mais que sa patience a tout de même des limites et qu'elle éprouvera les plus grandes peines du monde à supporter l'inactivité parfois de monsieur Cancer qui a, lui, besoin de cela, pour repartir vers de nouveaux horizons.

Madame Lion est une femme active, qui sait ce qu'elle veut, qui aime diriger allant parfois jusqu'à faire preuve d'une forte autorité et qui n'a pas besoin d'avoir à ses côtés un homme pour qui elle n'a plus d'admiration. Il est alors possible que madame Lion quitte monsieur Cancer même si ce n'était pas son idée première, mais il peut arriver qu'à un moment donné elle se lasse et préfère et de loin rechercher son amour idéal qu'elle risque tout de même d'avoir un certain mal à découvrir.

Madame LION face à Monsieur LION

Rien n'est moins simple que de rencontrer monsieur Lion quand on est une madame Lion, car malgré le fait qu'ils ont en commun d'être nés sous le même signe, ils diffèrent par leur façon de le vivre au quotidien. Avec monsieur Lion, madame Lion devra être dans une sorte de séduction permanente tant il est exigeant et ne supporte guère l'imperfection. De ce fait, madame Lion sera toujours obligée de faire beaucoup d'efforts et de ne jamais relâcher son attention, ce qui risque, à court terme, de profondément l'agacer.

Pour séduire monsieur Lion, madame Lion devra accepter de ne pas être la première, et c'est ici que deux possibilités vont se faire jour : soit madame Lion est habile et finalement utilise la vanité de monsieur Lion pour parvenir à obtenir tout ce qu'elle peut souhaiter mais elle accepte alors d'être une poupée modelable que monsieur Lion prendra plaisir à entretenir et à montrer à tous ; soit madame Lion a suffisamment d'individualité pour se suffire à elle-même, ce qui impliquera à terme la rencontre de difficultés avec son monsieur Lion. Le tout est une question de choix pour madame Lion qui possède, il faut le dire, un fort caractère.

Madame Lion est ambitieuse et aime l'idée même de la réussite et de ce qu'elle procure. Mais, elle se décourage souvent, même si au fond d'elle subsiste parfois un idéal qu'elle sait avoir du mal à atteindre. Ne vous y trompez pas, il subsiste en madame Lion des moments de vague à l'âme qui peuvent la submerger et lui faire perdre sa superbe. Mais, comme elle est fière, elle se plait à le cacher tout en se remettant en selle assez rapidement.

Madame Lion est aussi égoïste, il faut bien le dire, et cela peut être pour elle tantôt un atout tantôt un handicap face à monsieur Lion. Un atout car sa fierté peut lui donner le coup de booste dont elle a besoin pour plaire à son monsieur Lion, celui-ci n'aimant pas la médiocrité et ayant besoin d'avoir près de lui une femme dont il peut être fier. Mais un handicap car monsieur Lion étant lui aussi très égoïste, elle sait pertinemment comment il réagit et comment cela portera tort à leur relation car il ne peut y avoir plusieurs rois pour un fauteuil.

Madame Lion aime aussi se plaindre de tout ce qui l'entoure n'étant jamais vraiment satisfaite car elle pense toujours qu'elle aurait, soit mieux fait que l'autre, soit qu'elle vaut mieux que ce qu'elle obtient. Mais monsieur Lion n'aime pas cette caractéristique chez sa madame Lion car cela l'ennuie à mourir. Aussi, si madame Lion n'adapte pas son comportement, monsieur Lion pourra facilement passer à autre chose. Finalement, et malgré le fait qu'ils soient tous deux Lion et régis par le soleil, cette relation ne pourra correctement évoluer que si madame Lion accepte de s'oublier un peu mais, ce n'est pas là, son caractère d'où à moyen terme des frictions inévitables qui ne pourront que remettre en question la stabilité et la durée de leur relation. Toutefois, il arrive que l'amour fasse des merveilles….

Madame LION face à Monsieur VIERGE

Madame Lion, femme de théâtre, rencontre ici monsieur Vierge, homme terre à terre…. La difficulté d'une telle relation sera ici en raison de ce qu'ils sont respectivement et du caractère qui en découle. Au début de cette idylle, madame Lion trouvera tres agréable que monsieur Vierge soit fasciné par elle. Au début de cette histoire, monsieur Vierge sera admiratif d'avoir à ses côtés une femme si populaire. Mais, cela ne durera peut-être pas !

Madame Lion aime briller et dépenser sans compter, monsieur Vierge est en général quelqu'un de simple qui rechigne à la dépense si celle-ci n'est pas justifiée. Il n'est pas radin mais calcule toujours ses dépenses au plus juste des choses. Madame Lion a besoin de se faire remarquer d'une manière ou d'une autre alors que monsieur Vierge aime être plutôt discret. De ce fait, toutes ces choses qui les différencient peuvent finir à la longue par mettre entre eux une certaine distance que même les sentiments ne pourront suffire à anéantir. Madame Lion aime faire les choses souvent sans perdre de temps alors que monsieur Vierge aime prendre son temps car il est tres méticuleux, bien plus que ne saurait l'être madame Lion. Mais il y a toutefois certains points sur lesquels ils réagissent de manière assez identique, c'est sur leur manière de juger leurs semblables. Ils ont, en effet, la critique plutôt aisée et on peut même dire qu'ils sont parfois moqueurs quand ils ne sont pas méchants. Ils peuvent d'ailleurs y trouver une certaine

15

complicité qui leur permettra de ne pas s'ennuyer en soirée.

Toutefois, madame Lion est une femme volubile qui a toujours besoin que les choses pulsent autour d'elle et elle aura toujours du mal à comprendre la réserve constante que monsieur Vierge affiche. Madame Lion pourra être d'ailleurs confrontée au désintérêt de monsieur Vierge qui pourra à moyen terme se lasser du caractère de madame Lion, et tranquillement passer son chemin sans même que madame Lion ne l'ai vu venir, ce qui ne pourra qu'engendrer colère et frustration pour madame Lion d'où l'intérêt de lui conseiller la plus grande prudence face à un monsieur Vierge !

Madame LION face à Monsieur BALANCE

Ici, vont se rencontrer le Feu en la personne de madame Lion et l'air en celle de monsieur Balance, et vous n'êtes pas sans savoir que le feu a besoin de l'air pour survivre tout comme madame Lion aura besoin de monsieur Balance pour se sentir exister.

Madame Lion est une femme de tête, capable de prendre les situations à bras le corps mais aussi capable de faire preuve d'une certaine masculinité dans son comportement si cela s'avère nécessaire. Mais monsieur Balance, lui, est tout le contraire. Il est en général calme et tranquille et n'aime guère les conflits qu'il s'applique toujours à apaiser et il n'est pas homme de guerre. De ce fait, lorsque madame Lion aura besoin de pimenter

leur relation par quelques querelles bien pensées,
monsieur Balance s'évertuera à calmer le jeu ne voulant
guère entrer dans ce type de relation. Evidemment, cela
aura tendance à contrarier madame Lion qui aime
parfois l'amour brutal et passionné.

Au quotidien, madame Lion pourra à sa guise prendre
les choses en main car monsieur Balance n'y verra en
cela aucun inconvénient. Peut-être même y trouvera-t-il
un certain intérêt, lui permettant ainsi de poursuivre sa
route sans trop d'implication mais que madame Lion
soit prudente car monsieur Balance peut avoir parfois
une certaine tendance à laisser les autres agir pour lui
sans que cela ne lui pose réellement de problème.

Il faut aussi que madame Lion prenne en compte que
monsieur Balance ne respecte pas toujours ses
engagements, les oubliant au fur et à mesure du temps
qui passe. Et cela peut irriter madame Lion au plus haut
point bien qu'en définitive elle devra apprendre à vivre
avec si elle souhaite rester près de monsieur Balance.

Avec monsieur Balance, madame Lion rencontrera la
délicatesse et l'intelligence, deux qualités qu'elle
apprécie. Elle pourra se sentir choyer car monsieur
Balance est un homme attentionné qui saura
parfaitement prendre soin d'elle. Il saura lui dire les
mots qu'elle aime et il saura valoriser ce qu'elle est
pour son plus grand bonheur tout en étant un amant
passionné. Toutefois, monsieur Balance, même discret,
pourra faire de l'ombre à madame Lion tant il a ce petit
quelque chose qui ne laisse personne indiffèrent.

C'est pourtant une belle relation qui est promise si

chacun accepte l'autre et si chacun reste à sa place même si celle-ci restera à définir au tout début de la relation.

Madame LION face à Monsieur SCORPION

Avec monsieur Scorpion, madame Lion verra son caractère excessif reprendre le dessus tant cette relation peut être passionnée mais difficile. Madame Lion aura surement toutes les peines du monde à déchiffrer monsieur Scorpion tant il est fermé et ne partage aucun de ses secrets. Madame Lion sera aussi fortement déstabilisée par l'attitude de monsieur Scorpion qui pourra à son gré aimer ou ignorer madame Lion. Mais le pire pour madame Lion sera peut-être le fait que monsieur Scorpion ne supportera guère que madame Lion agisse comme bon lui semble d'autant qu'il est évident pour lui qu'il est le seul à prendre les décisions du couple quelles qu'elles soient. Et, madame Lion, en femme très indépendante, ne pourra accepter de rendre des comptes à monsieur Scorpion qui pourra alors lui chercher querelle pouvant même parfois se laisser aller à une certaine violence en rapport avec son tempérament excessif.

L'intrusion de monsieur Scorpion dans la vie privée de madame Lion ne sera pas une bonne chose car monsieur Scorpion saura habilement s'en servir pour contrarier madame Lion, utilisant contre elle les confidences d'un soir. Il est du reste préférable que madame Lion définisse les règles du jeu avant de trop s'avancer dans cette histoire amoureuse car, même en faisant cela, elle n'échappera pas à la jalousie possessive de monsieur Scorpion qui n'aura de cesse que de la posséder toute entière sans forcément lui donner quelque chose en retour. Certes, monsieur Scorpion est entier mais madame Lion l'est tout autant. Elle sait aussi se montrer loyale en amour ce qui n'est pas toujours le cas de monsieur Scorpion qui cède parfois à ses bas instincts. Pire encore, monsieur Scorpion peut délaisser madame Lion des semaines durant, faisant comme si elle n'existait guère, et cette indifférence, telle une torture, lui brisera le cœur et l'âme. Il est donc souhaitable, chère madame Lion, que vous réfléchissiez bien avant de convoler en justes noces !!

Madame LION face à Monsieur SAGITTAIRE

Madame Lion est une femme indépendante mais monsieur Sagittaire l'est encore plus et garder un sagittaire n'est pas une chose facile. Madame Lion aime avoir sa cour et peut aisément se contenter de son cercle pour avancer et avoir envie de briller. Mais, monsieur Sagittaire attend bien autre chose de la vie et une simple cour ne lui suffit guère car il a besoin de parcourir le monde et de gouter à chaque instant les joies de la vie n'en déplaise à madame Lion. Monsieur Sagittaire est rarement fidèle qu'on se le dise !
Madame Lion est souvent franche et parfois sans tact

mais a ce petit jeu, monsieur Sagittaire restera, là encore, le plus fort, pour le plus grand inconfort de madame Lion car monsieur Sagittaire ne s'embarrasse pas de mots choisis, il dit ce qu'il pense un point c'est tout et se moque de blesser madame Lion ou ceux qui l'entourent.

Si madame Lion persiste, rien ne l'empêchera de faire couple avec monsieur Sagittaire qui pourra, au début en tout cas, trouver le rôle de conjoint plutôt sympathique ne mesurant peut-être pas tout ce que madame Lion veut que cela implique. Et c'est là que commenceront les soucis ! Car, madame Lion attendra de monsieur Sagittaire une réelle implication dans leur vie de couple et un partage des taches, des projets et des problèmes. Mais monsieur Sagittaire risque de ne pas l'entendre de cette oreille car au final, il ne souhaite en réalité, aucune contrainte d'aucune sorte préférant, et de loin, préserver sa liberté.

Ce qui contrariera également beaucoup madame Lion, c'est la tendance au flirt de monsieur Sagittaire, tendance contre laquelle elle ne pourra rien si ce n'est l'accepter mais cela ne fait pas partie du tempérament de madame Lion, elle n'est pas partageuse. Alors, a bien y réfléchir, madame Lion devrait, avant de s'unir a monsieur Sagittaire, déterminer avec soin ce qu'elle souhaite vraiment de cette union et analyser monsieur Sagittaire sans se laisser prendre par cette attirance qui pourrait voiler son jugement, et ce n'est pas chose aisée tant il est charmeur. Mais, en le voyant tel qu'il est vraiment, madame Lion devra se rendre à l'évidence et accepter qu'il n'est pas vraiment fait pour elle. Toutefois rien n'empêche madame Lion de persister mais il faudra alors qu'elle accepte monsieur Sagittaire et ses travers et qu'elle prenne le risque qu'un beau matin, il parte pour ne plus jamais revenir….La vie n'est finalement qu'une question de choix !

Madame LION face à Monsieur CAPRICORNE

Aussi, peut-être, surprenant que cela puisse paraitre, voici un couple qui peut aisément avancer dans la vie pour peu que chacun prenne le temps de découvrir l'autre. Certes, ils sont tous deux très différents mais une relation durable peut s'établir sachant que chacun vit dans un univers bien distinct de celui de l'autre. Madame Lion aime que l'on s'intéresse à elle et a toujours besoin de savoir qu'on l'écoute et qu'on l'admire même si elle prétend le contraire. Monsieur Capricorne, lui, fait ce qu'il a à faire sans vraiment s'occuper de ce que les autres pensent. Madame Lion aime parler et se mettre en avant alors que monsieur Capricorne est souvent solitaire et dans l'incommunicabilité. Toutefois, monsieur Capricorne est un sensitif et il sera souvent à même de ressentir madame Lion bien mieux qu'elle ne l'aurait imaginé. Madame Lion est également dépensière et coquette alors que monsieur Capricorne n'en a que faire de tous ces artifices, il aime être propre mais sait avant tout gérer ses avoirs.

Pour faire évoluer cette belle histoire d'amour, madame
Lion devra accepter les tres longs silences de monsieur
Capricorne et son envie de rester tranquille à la maison.
Il acceptera bien volontiers les démonstrations de
tendresse dont il est friand car monsieur Capricorne,
contre toute attente, aime que madame Lion soit tendre
avec lui car monsieur Capricorne n'est pas un être
belliqueux. Madame Lion devra accepter sa simplicité
et ne pas chercher a le transformer car il n'aime pas cela
et préfère rester quelqu'un d'authentique.
Avec monsieur Capricorne, madame Lion pourra
apprendre à se calmer, apprendre à canaliser ce feu
intérieur qui parfois la rend exubérante car monsieur
Capricorne est apaisant et il sait écouter, ce qui est
important pour madame Lion qui a souvent un fort
besoin de s'exprimer. Elle saura aussi qu'elle peut
compter sur lui et il se montrera toujours prêt à lui
favoriser la tache tout comme il n'aura pas peur de
travailler dur pour satisfaire ses désirs et subvenir au
besoin de la petite famille si d'aventure madame Lion
voulait quelques enfants.
Dans l'intimité, madame Lion découvrira un amant
sensuel et fougueux et ils pourront tous deux partager
de longs moments d'étreintes tendres car tous deux
aiment faire l'amour et partager cela ensemble pourra
être pour eux la découverte de l'autre d'une nouvelle
façon. En somme, a se deviner l'un l'autre ils peuvent y
gagner une union particulière de par leurs différences
mais solide tant elle sera pour le moins indéniable !

Madame LION face à Monsieur VERSEAU

Madame Lion sera sans nul doute séduite par monsieur Verseau, si indépendant, si sûr de lui et si amical. Elle sentira dès le départ que son monsieur Verseau peut lui faire découvrir tout un monde inconnu pour elle tant il est dynamique et toujours prêt à parcourir le monde pour découvrir ce qui s'y passe. Mais madame Lion aura aussi conscience que pour être à la hauteur de monsieur Verseau, elle doit apprendre à s'intéresser aux autres de manière sincère et cultiver son esprit afin de pouvoir alimenter les conversations que monsieur Verseau ne cessera de lancer. Belle, coquette et cultivée, c'est ainsi que devra être madame Lion pour séduire monsieur Verseau.

Il ne faut pas avoir peur de dire que madame Lion est assez égoïste et qu'à part elle-même, rien ne l'intéresse vraiment tant elle est centrée sur elle. Or, monsieur Verseau peut ne pas aimer cet état d'esprit tant il est tout le contraire. Il faudra donc que parmi les efforts à faire madame Lion place celui-ci en tout premier lieu. Madame Lion a, toutefois, toutes les qualités d'une maitresse de maison et saura offrir à monsieur Verseau, un véritable havre de paix, chic et un tantinet luxueux qu'il appréciera grandement car monsieur Verseau aussi aime les belles choses.

Professionnellement, madame Lion ne pourra qu'être fière de monsieur Verseau, brillant orateur et homme courageux qui n'hésitera jamais a travailler dur pour offrir à sa madame Lion des cadeaux qu'elle sera surement loin d'imaginer.

Au quotidien, madame Lion devra respecter l'indépendance de monsieur Verseau qui n'aime pas vraiment rendre des comptes. D'ailleurs, il respectera aussi son indépendance laissant madame Lion seul juge de ses actes. Il ne faudra toutefois pas trahir monsieur Verseau mais madame Lion sait être une femme fidèle. Il est important que madame Lion apprenne à connaitre monsieur Verseau car il est parfois surprenant et déroutant tant il peut avoir besoin de grands moments de tendresse. Et si madame Lion parvient à capter son attention en lui montrant une personnalité attachante, elle saura alors capter son temps et attacher monsieur Verseau a la maison, pour un certain temps en tout cas. Dans une telle relation, madame Lion n'aura pas de répit et devra toujours être celle que désire monsieur Verseau si elle souhaite le garder car, même lors d'une rupture, monsieur Verseau sait se montrer parfaitement déterminé. Il est peut-être finalement le seul du zodiaque à pouvoir faire changer quelque peu madame Lion tant il est homme de fort caractère. Avec lui, madame Lion peut évoluer tout au long d'une vie mouvementée et intéressante mais elle ne doit pas oublier que monsieur Verseau n'est pas homme à sacrifier sa vie ou sa carrière pour elle ou pour n'importe qui d'ailleurs. Surtout que madame Lion ne l'oublie jamais ! Et si elle décide de se laisser porter par les circonstances, sans chercher a contrôler les faits, elle sera surement la plus heureuse des femmes avec son monsieur Verseau, ne manquant de rien et cela dans n'importe quel domaine.

Madame LION face à Monsieur POISSON

Nous voilà aux portes de l'étrange pour madame Lion
qui va découvrir son monsieur Poisson seulement au fur
et à mesure que leur relation évoluera. Il est possible
que madame Lion soit quelque peu déconcertée par
l'instabilité de monsieur Poisson qui n'est qu'un doux
rêveur, et, pour cette femme de tête, il est important que
les choses soient pour le moins concrètes.
En apprenant à apprécier monsieur Poisson, madame
Lion s'apercevra qu'il est tres tendre, tres affectueux
mais aussi tres sensible, trop peut-être pour cette femme
impériale. Toutefois, elle saura qu'avec lui, elle sera
comprise, admirée, aimée et dorlotée comme aucun
autre signe ne pourrait le faire avec elle.
Madame Lion savourera aussi le dévouement de son
monsieur Poisson a son égard, car monsieur Poisson est
courageux et le travail ne lui fait pas peur, loin de là !
Elle pourra donc profiter d'une vie qu'il saura lui faire
agréable.
Mais, même si cette relation semble s'annoncer sous de
bons auspices, il faut tout de même que madame Lion
sache que monsieur Poisson est un homme versatile
dans son comportement. Et, tout en ayant pour elle de
forts beaux sentiments, il pourra lui donner le sentiment
qu'il lui glisse entre les mains, ce que vous n'aimerez
guère madame Lion ! Pire encore, il peut arriver que

monsieur Poisson disparaisse dans les brumes sombres d'un moral qui bat la campagne, ce qui aura de quoi dérouter madame Lion, bien qu'elle aussi puisse avoir ses moments de blues !

Avec monsieur Poisson, madame Lion ne doit pas user non plus d'agressivité car il ne la supporte pas tant il est pacifique et cool. Il aime le calme et la tranquillité et a besoin d'avoir sa madame Lion pour lui tout seul car il est tout de même un brin possessif même s'il s'en défend.

En somme, avec monsieur Poisson, madame Lion peut connaitre une vie harmonieuse, sans trop de nuages mais il faut pour cela qu'elle change certains aspects de son caractère tel que l'autorité par exemple, ainsi que sa façon de vouloir tout régenter d'une main de maitre.

Car, monsieur Poisson est peut-être un doux rêveur mais il possède son petit caractère et au fil du temps, il pourrait se détacher de madame Lion et partir sans crier gare pour ne plus jamais lui donner de nouvelles, la laissant dans un profond désespoir dont elle se remettra toutefois promptement.

Monsieur Lion face aux femmes du zodiaque

Monsieur LION face à Madame BELIER

Tous deux signes de feu, nous risquons d'être face à une relation plutôt explosive ce qui n'empêche guère la possibilité d'une histoire passionnelle. Monsieur Lion est, en général, un homme de caractère qui sait se montrer franc et plutôt direct dans l'expression de ses pensées. Madame Bélier est une femme au fort tempérament qui sait aussi dire ce qu'elle pense sans forcément faire preuve de tact. De ce fait, les discussions, à la maison, risquent fort de se révéler plutôt animées d'où quelques bouderies en perspective. Monsieur Lion est fier et un tantinet orgueilleux et il arrivera que madame Bélier soit tentée de le piquer au vif car elle excelle à ce petit jeu d'où quelques colères de monsieur Lion qui n'aime vraiment pas que l'on puisse porter atteinte à ce qu'il est.

Au quotidien, monsieur Lion et madame Bélier peuvent parfaitement parvenir à se stimuler l'un l'autre car ils sont tous deux ambitieux et peuvent marcher de concert quant à leur évolution professionnelle, évolution qu'il est souhaitable qu'ils fassent séparément car travailler ensemble pourrait ne pas se révéler une bonne chose. Par contre, ils peuvent s'entraider, se remonter le moral et se conseiller sur leurs activités respectives, ce qui s'avèrera excellent pour leur carrière. Ils pourront d'ailleurs avoir des objectifs communs tels qu'une belle maison à acheter ou à magnifier, ou un beau voyage à effectuer ou tout autre chose qu'importe, puisqu'ils portent tous deux un certain intérêt a l'argent, aimant tout de même vivre agréablement.

Sentimentalement, le climat entre eux peut être moins prometteur car monsieur Lion et madame Bélier sont des êtres entiers, parfois excessifs mais qui ne seront peut-être pas vraiment à l'écoute l'un de l'autre. Monsieur Lion aime que l'on s'occupe de lui et attend de madame Bélier qu'elle lui manifeste ses sentiments de la plus belle des façons, tant il apprécie les mots doux et les démonstrations de tendresse. Toutefois, madame Bélier n'est pas forcément une femme démonstrative et il peut même arriver qu'elle manque de douceur mais cela ne veut nullement dire qu'elle n'a pas pour monsieur Lion de profonds sentiments.

Il est important de ne pas oublier que monsieur Lion est un homme capable de parvenir à de tres hautes fonctions s'il en a bien sûr, les capacités. Il est autoritaire, souvent charismatique, et n'a pas son pareil pour mener une équipe. Mais madame Bélier peut aussi être une femme qui lui ressemble en cela d'où, peut-être, la difficulté de partager les taches du foyer, chacun voulant que l'autre se plie a ses directives afin de mener la danse. Mais, dans ce couple, cela ne s'avèrera guère possible tant l'un et l'autre aime le pouvoir !

Monsieur Lion aime aussi séduire par ce qui se dégage de lui, aime quelque peu charmer sans vraiment succomber mais il y a fort à parier que cela ne sera pas du tout du gout de madame Bélier qui pourrait alors faire preuve d'une agressivité certaine tant elle ne supporte de passer pour une imbécile. Alors, monsieur Lion, faites attention à vous et modérez votre comportement car si madame Bélier ne vous démontre ni ses sentiments ni ses émotions, il n'en demeure pas moins qu'au final vous lui appartenez !

Monsieur LION face à Madame TAUREAU

Monsieur Lion aime les femmes féminines et élégantes et, lorsqu'il rencontrera madame Taureau, il peut facilement tomber sous son charme car il est des madame Taureau qui sont tres attachées à leur apparence et qui sont parfaitement soignées. Toutefois, monsieur Lion n'aime pas particulièrement les femmes trop têtues et c'est ici que commenceront les premières difficultés. En effet, pour garder monsieur Lion, il est préférable que madame Taureau accepte de se remettre en question quelque peu car il n'aime guère l'immobilisme. Monsieur Lion aime les beaux et grands projets car il sait qu'il a l'envergure pour les mener à bien et il est ambitieux. Alors, si madame Taureau lui donne le sentiment d'être un frein a toutes ses initiatives, cela ne fonctionnera pas.
Si madame Taureau a du recul sur elle-même, elle deviendra alors une aide précieuse pour monsieur Lion qui trouvera auprès d'elle un appui solide et une partenaire économe capable de le soutenir en toutes

circonstances et capable de lui offrir un quotidien agréable dans un environnement luxueux mais pas extravagant. Madame Taureau est en effet capable d'assurer l'intendance de monsieur Lion pour son plus grand plaisir. Mais madame Taureau est aussi sensuelle et monsieur Lion se sentira comblé par cette femme amoureuse ce qui l'incitera à oublier les petits travers qui pouvaient l'agacer.

Monsieur Lion est assez susceptible et c'est un point qui ne pourra échapper à madame Taureau. Il faudra donc qu'elle prenne l'habitude de trouver les bons mots pour ne pas vexer monsieur Lion, car s'il peut pardonner une ou deux fois ce qu'il considère comme des offenses, il ne les pardonnera pas trois.

Monsieur Lion aime aussi les enfants même s'il se montre parfois un peu trop autoritaire avec eux et madame Taureau est une vraie maman poule, ce qui pourra leur permettre d'avoir, là encore, un point commun, même si madame Taureau consacrera bien plus de temps aux enfants que ne le fera monsieur Lion. Finalement, malgré leur état d'esprit différent, ce couple peut évoluer doucement mais surement mais il sera nécessaire que madame Taureau suive son mari les yeux fermés et que monsieur Lion fasse preuve d'une certaine tolérance à l'égard de sa madame Taureau parfois trop lente à son gout !

Monsieur LION face à Madame GEMEAUX

Monsieur Lion incarne la stabilité car il est tel un roc à l'opposé de madame Gémeaux qui, telle une petite abeille, virevolte dans tous les sens. Toutefois, monsieur Lion aime les femmes intelligentes et madame Gémeaux fait partie, sans nul doute, de cette confrérie. Il saura apprécier son raisonnement et sa grande curiosité intellectuelle même si à la longue il peut craindre qu'elle ne brille plus que lui.

Monsieur Lion devra apprendre à faire avec la légèreté de madame Gémeaux qui ne centre pas toutes ses énergies sur sa maison et qui aime bavarder jusqu'à tard dans la soirée avec sa ribambelle d'amis. Monsieur Lion n'y verra rien d'incommodant, surtout si les amis de madame Gémeaux l'apprécient et le trouvent irrésistible. Toutefois, monsieur Lion apprécie le calme d'un bel intérieur, et il faudra donc que madame Gémeaux en tienne compte.

Sentimentalement, monsieur Lion se verra parfois déstabilisé par l'attitude de madame Gémeaux qui n'est pas vraiment sentimentale, même si elle sait jouer le jeu à merveille. Il pourra aussi craindre qu'elle ne flirte aisément car madame Gémeaux aime le flirt même s'il doit être sans lendemain.

Monsieur Lion est un homme patient et avec madame Gémeaux, il le faut car elle n'est pas femme que l'on attache même si elle accepte de suivre son homme Lion au bout du monde car elle parviendra toujours à trouver le moyen de finalement faire ce qu'elle aura décidé, même si elle doit affronter pour cela la colère de monsieur Lion qui au final ne pourra rien y faire car ce qui est fait est fait.

Mais avant tout, monsieur Lion saura apprécier l'intérêt que madame Gémeaux saura lui porter. Elle ne sera guère avare de compliment, se montrera subjuguée par son esprit et lui donnera le sentiment d'être flattée qu'il s'intéresse à elle. Et il n'en faudra pas plus à monsieur Lion pour adorer madame Gémeaux même si au fond de lui, il sait aisément que cette relation, par certains côtés, n'est qu'un leurre.

Monsieur Lion aime porter ses projets jusqu'à leur terme car il est, en général, déterminé et il pourra compter sur le soutien de madame Gémeaux qui lui sera acquis. Toutefois, il sera important qu'il garde seul les rênes de ses ambitions car madame Gémeaux n'est pas toujours constante bien qu'elle soit capable de lui apporter de nombreuses idées dont il saura allègrement se servir. De son coté, monsieur Lion aidera toujours madame Gémeaux et n'hésitera pas à la stimuler pour qu'elle se dépasse car monsieur Lion a besoin d'être fier de la femme qu'il a son bras.

En somme, monsieur Lion et madame Gémeaux peuvent vivre une belle histoire mais de par leur personnalité respective, celle-ci ne sera peut-être qu'un passage dont chacun gardera le souvenir !

Monsieur LION face à Madame CANCER

Monsieur Lion aime qu'on le remarque et madame Cancer aime se faire discrète, ce qui déjà présage une relation avec parfois quelques incompréhensions. Monsieur Lion est un homme de pouvoir, et madame Cancer, bien que lunatique, est une femme déterminée mais ne ressent nullement le besoin de briller de mille feux. Aussi, lorsque monsieur Lion souhaitera organiser un somptueux diner ou entreprendre un projet qui le valorisera, madame Cancer pourra parfaitement le seconder voire même gérer toute son intendance mais elle préfèrera souvent rester dans son ombre sans que cela ne lui pose de réels problèmes. Bien évidemment, cela pourra pleinement satisfaire monsieur Lion mais il n'en demeure pas moins qu'il sera pour lui tout de même difficile de ne pas pouvoir être fier de la femme qui l'accompagne. Aussi, pour garder monsieur Lion, madame Cancer devra fournir quelques efforts afin de satisfaire le besoin de paraitre de monsieur Lion. Si madame Cancer décide de devenir une femme au foyer, monsieur Lion n'y verra aucun inconvénient mais à la condition que madame Cancer excelle dans l'art culinaire et entretienne sa maison d'une main de maitre tout en s'occupant de son apparence car monsieur Lion n'aime guère les femmes négligées. Si au contraire madame Cancer décide de mener une carrière, monsieur Lion sera là encore satisfait mais à la condition qu'elle se donne les moyens de réussir car monsieur Lion n'aime pas tellement l'à-peu-près. En somme, et quoi qu'elle fasse, monsieur Lion l'acceptera mais son exigence sera surtout sur le fait qu'il souhaitera à chaque fois, qu'il puisse être fier d'elle.

Monsieur Lion est généralement quelqu'un de franc et de plutôt constant dans ses idées. Aussi, il arrivera parfois qu'il soit confronté au tempérament capricieux de madame Cancer et à ses humeurs tres changeantes qui font d'elle une personne fort lunatique. Cela ne pourra que le décontenancer et aura tendance à insinuer le doute dans son esprit, ce dont il a horreur. Monsieur Lion n'aime pas à avoir à douter des situations ou des personnes car pour lui la constance et la durabilité font parties de son caractère. Il pourra toutefois profiter de la tendresse de madame Cancer qui saura correctement s'occuper de lui car madame Cancer est assez maternelle bien qu'elle aura parfois tendance a trop vouloir le materner, ce que monsieur Lion n'aime pas vraiment. Monsieur Lion n'est pas un enfant et il n'entend pas qu'on le considère comme tel.

En somme, même s'ils peuvent avancer ensemble, cette relation reste pour le moins compliquée car ils n'attendent pas les mêmes choses de la vie. Il faudra beaucoup d'échanges, de discussions pour qu'ils parviennent à se comprendre et pour qu'ils puissent progresser mais cela reste du domaine du possible.

Monsieur LION face à Madame LION

Rien n'est moins simple que deux soleils qui se rencontrent, chacun aimant briller et que l'on fasse attention à lui. Avec madame Lion, monsieur Lion risque de devoir s'oublier quelque peu tant elle aime que l'on s'occupe d'elle. Toutefois, ils auront en commun les beaux projets, l'ambition et la constance et pourront tout à fait marcher dans le même sens même si cette relation n'est pas exempte de frictions.
Monsieur Lion, pour séduire madame Lion, devra aller sur son terrain c'est-à-dire qu'il devra prêter une attention toute particulière à sa façon d'être, a sa tenue vestimentaire et a son langage car madame Lion aime sentir qu'elle fascine ou séduit. En échange, madame Lion devra montrer à son Lion de mari qu'elle le comprend et qu'elle approuve chacune de ses décisions. Mais à vrai dire, cela ne sera guère facile pour eux, car ni l'un ni l'autre n'a vocation à s'oublier pour l'autre. Il en résultera de nombreuses frictions qu'ils pourront solutionner dans l'atmosphère feutrée de leur chambre à coucher, aimant tous deux ce genre de réconciliations. Toutefois, chacun étant ce qu'il est, chacun reprendra son rôle jusqu'à la prochaine crise.
Si la situation le permet, monsieur et madame Lion consacreront un budget à leur maison qui sera surement spacieuse et moderne et meublée avec gout, un budget a leurs vêtements car ils aiment être particulièrement soignés. Ils pourront aussi voyager et fréquenter de nombreux amis car ils sont ouverts à ceux qui les

apprécient. En somme, ils peuvent ensemble se construire une vie plus qu'agréable et décider de la partager soit par amour soit par commodité à la seule fin, par exemple, de ne pas vivre isolés ou de ne pas perturber les enfants si ceux-ci sont de la partie. Il n'en demeure pas moins que cette relation reste conflictuelle mais que si chacun y met du sien, elle peut devenir constante et confirmée, tout du moins jusqu'à ce que chacun en décide autrement.

Monsieur LION face à Madame VIERGE

Lorsque le fastueux monsieur Lion rencontre la disciplinée madame Vierge, il peut y avoir une attirance sans précèdent. Toutefois, il est à noter qu'ils ne vivent guère sur la même planète. Autour de monsieur Lion, tout est à son image et il n'est pas certain que l'austère madame Vierge apprécie cela a la longue. Mais avec madame Vierge, monsieur Lion peut s'assurer un avenir financier solide car elle est à même de correctement gérer leur situation matérielle, faisant même prospérer celle-ci de façon plus que satisfaisante. Madame Vierge demandera à monsieur Lion de contrôler ses dépenses et lui démontrera que certains de ses achats ne sont guère appropriés car bien trop onéreux. Il est possible que monsieur Lion s'en formalise car il aime dépenser parfois même plus qu'il ne peut. Mais, si monsieur Lion se décidait à écouter madame Vierge, il s'apercevrait très vite qu'avec elle, il pourrait accéder à une vie bien plus faste encore.

Sentimentalement, monsieur Lion aura quelques difficultés à déchiffrer madame Vierge tant elle ne laisse jamais rien paraitre. Elle n'est pas forcément non plus tres affectueuse mais il faut savoir que chez madame Vierge tout se passe à l'intérieur. Alors, surtout, monsieur Lion, prenez y bien garde car madame Vierge pourrait en apparence accepter sans broncher quelques remontrances dont vous avez le secret mais en garderait une trace indélébile que vous finiriez par payer un jour ou l'autre.

Monsieur Lion a une grande puissance de travail et madame Vierge est résistante, ce qui fera d'elle un appui solide si monsieur Lion venait à en avoir besoin. Mais madame Vierge n'est pas une femme de pouvoir et si l'on devait établir une comparaison pour la décrire au mieux, on lui attribuerait alors le rôle d'éminence grise qui lui convient à la perfection. Mais attention, car à la longue, madame Vierge pourrait devenir indispensable à monsieur Lion par ses conseils et son sens pratique très affuté, ce qui lui ferait à terme, avoir un certain pouvoir sur monsieur Lion dont il peut tout à fait se satisfaire. Et quoi que l'on puisse en penser, monsieur Lion et madame Vierge peuvent tout à fait évoluer ensemble au prix de quelques concessions qu'ils feront avec plaisir lorsqu'ils se connaitront mieux !

Monsieur LION face à Madame BALANCE

Cet homme fort qu'est monsieur Lion sera fortement apprécié par madame Balance qui est souvent séduite par la présence qui se dégage de celui-ci. Cependant, l'excès d'autorité dont peut faire preuve monsieur Lion à l'égard de madame Balance, ne passera pas sans laisser de traces. Madame Balance ne s'énerve pas mais, même si elle peut donner l'apparence de quelqu'un qui s'accommode du caractère de monsieur Lion, elle prendra peu à peu de la distance, jusqu'à finir par le quitter car personne n'attache madame Balance. Monsieur Lion est un conquérant et pour lui, madame Balance est à conquérir plus que tout autre car il reste séduit par ce qu'elle dégage et par ce qu'il croit déceler en elle. Monsieur Lion désire et il lui semble logique de prendre. Mais madame Balance est tout en nuance et en sensibilité et être l'objet du désir intense de monsieur Lion lui est parfois désagréable.

Madame Balance, ne vous en déplaise, est une solitaire qui a besoin de moments bien à elle qu'elle ne souhaite partager avec personne et cela, monsieur Lion ne le supporte pas car il a besoin d'être le point d'attention de madame Balance, pire même, monsieur Lion ne semble pas comprendre comment elle peut s'isoler seule alors qu'elle l'a lui ! Cela est inconcevable à monsieur Lion qui fera vite remarquer son agacement à madame Balance, ce qui creusera un peu plus le fossé qui les sépare.

Tout en même temps, ils demeurent souvent tous deux

intelligents, cultivés, ce qui leur permet d'échanger des heures durant. Mais, madame Balance est taquine et monsieur Lion est susceptible, ce qui ne facilite pas toujours les choses, et qui apporte quelques nuages supplémentaires à leur diapason.

Enfin, monsieur Lion est d'un naturel jaloux alors que madame Balance est avant tout sociable et communicative, ce qui exaspère monsieur Lion qui aura parfois grand mal à l'accepter tant il prendra conscience que madame Balance attire sans même vraiment le vouloir.

Au final, cette relation, au demeurant possible, restera compliquée et il n'est nullement certain qu'elle se prolonge toute une vie entière, monsieur Lion sentant petit à petit madame Balance s'éloigner car elle ne sera guère la femme soumise que tout le monde pense qu'elle est !

Monsieur LION face à Madame SCORPION

Cette rencontre, pour monsieur Lion, sera en général, forte de conséquences car il est difficile d'oublier une madame Scorpion. Jalousie, possessivité et exclusivité semblent devoir être au programme de cette relation tapageuse.

Monsieur Lion aime séduire et il a souvent tous les atouts pour cela. Il aime également que ces dames fassent attention à lui et il est à même de se montrer charmeur et enjôleur. Toutefois, il sait être loyal envers celle qu'il aime si celle-ci lui apporte ce dont il a besoin. Or, madame Scorpion n'est pas partageuse et il y a fort à parier qu'elle sera vite agacée si de belles demoiselles papillonnent autour de son superbe Lion. Il peut en découler des scènes durant lesquelles madame Scorpion peut ne pas se montrer tendre avec son monsieur Lion, maniant la causticité comme personne. Pas sûr que cela puisse contenter son Lion de mari. Et comme il n'aime guère qu'on le sermonne ou qu'on lui dise ce qu'il a à faire, il faudra s'attendre ici a des orages assez fréquents et de violents coups de tonnerre. Monsieur Lion aime la douceur, la délicatesse et la courtoisie mais madame Scorpion est plutôt d'un tempérament brusque et se montre plutôt impulsive dans ses manières. Ajoutez à cela un trop franc-parler et des tendances parfois agressives et il sera aisé de comprendre que notre monsieur Lion n'y résistera pas. Bien évidemment, madame Scorpion est une passionnée et monsieur Lion pourra se sentir fort désiré car madame Scorpion acceptera le plus souvent de satisfaire les désirs de monsieur Lion mais le prix à payer sera parfois fort dispendieux.

Professionnellement, monsieur Lion pourra se sentir fortement épaulé par madame Scorpion qui ne cessera de le pousser à se réaliser toujours plus. Et si madame Scorpion croit en lui, alors elle lui insufflera une telle énergie qu'il se sentira pousser des ailes et pourra devenir un véritable leader parfois même au-delà de ses espérances. Et même si madame Scorpion devient la femme au foyer de monsieur Lion, elle prendra en charge tout ce qui peut le contrarier afin qu'il puisse entièrement se consacrer à sa carrière dont elle profitera sans nul doute.

Cette union n'est donc pas impossible mais elle s'avèrera toujours plus ou moins compliquée et difficile à maintenir dans le temps. Il sera donc nécessaire que monsieur Lion prenne le temps de réfléchir a tous les aspects de la personnalité de madame Scorpion s'il ne veut pas, au bout du compte, avoir quelques regrets.

Monsieur LION face à Madame SAGITTAIRE

Monsieur Lion est d'un naturel constant mais madame Sagittaire n'a pas la même notion que lui de la stabilité. Monsieur Lion est ambitieux et madame Sagittaire l'est tout autant mais elle a toujours besoin de mouvement. En d'autres termes, pour que monsieur Lion parvienne à retenir sa madame Sagittaire, il devra accepter qu'elle soit un peu dans tous les sens et toujours prête à parcourir le monde. Mais les petits problèmes du quotidien ne s'arrêtent pas là ! Car même si monsieur Lion aime être remarqué par le gente féminine, madame Sagittaire, elle, peut être porté au flirt qu'elle s'efforcera toujours de cacher tant elle n'aimerait pas que l'on puisse la juger. Il faudra donc que monsieur Lion comprenne qu'il peut tout à fait traverser des périodes de turbulences durant lesquelles madame Sagittaire pourrait fort bien lui échapper.

Au foyer, monsieur Lion peut trouver auprès de

madame Sagittaire une femme comprehensive qui saura s'occuper des enfants s'ils en ont. Toutefois, il n'en sera peut-être pas tout à fait de même pour la maison car madame Sagittaire est plutôt une femme d'extérieur.

Elle aime cependant le beau tout comme monsieur Lion d'où, tout de même, la possibilité pour eux d'accéder a une demeure confortable.

Monsieur Lion appréciera aussi le soutien de madame Sagittaire concernant ses ambitions professionnelles d'autant qu'elle parviendra à lui redonner confiance en lui lorsqu'il doutera de ses capacités et lui fera même découvrir le potentiel qui est en lui qu'il laisse le plus souvent en sommeil.

Il faut aussi noter qu'il existera dans ce couple une forte attirance physique qui pourrait bien parfois leur faire oublier tous les soucis quotidiens. Monsieur Lion pourra laisser libre court à ses ardeurs car madame Sagittaire saura les apprécier à leur juste mesure.

Coté caractère, monsieur Lion ne sera pas vraiment contrarié en fréquentant madame Sagittaire car elle est toujours optimiste et bienveillante, ce qui n'amène pas vraiment à des conflits. Madame Sagittaire est dans son monde et monsieur Lion pourra volontiers y entrer pour peu qu'il la prenne comme elle est car elle ne changera guère, tout comme lui d'ailleurs.

Monsieur LION face à Madame CAPRICORNE

Toutes les différences qui s'imposent devant ce couple restent pourtant la clé de leur succès et, le plus souvent, on peut pronostiquer une relation heureuse et durable. Monsieur Lion saura, de toute évidence, trouver en madame Capricorne le soutien dont il a besoin pour son évolution professionnelle. Madame Capricorne, qui aime la réussite, saura motiver avec force son Monsieur Lion et saura trouver les arguments qui sauront faire mouche dans les moments ou Monsieur Lion aime à se relâcher. Madame Capricorne est adepte du travail et de l'effort, et Monsieur Lion ne pourra qu'apprécier le confort de vie plus régulier qui en découle.

Monsieur Lion est souvent très expansif a l'inverse de Madame Capricorne qui sera toutefois séduite par cette nature joviale et amicale, elle qui est le plus souvent, la femme de l'ombre. Il est certain que la vie de Monsieur Lion aura tendance à déstabiliser Madame Capricorne car elle n'a pas pour habitude d'avoir un large cercle amical. Elle consentira pourtant à faire de nombreux efforts car Monsieur Lion saura se montrer très démonstratif dans son affection.

Monsieur Lion saura aussi se montrer exigeant sur la façon dont Madame Capricorne se présente à ses côtés car il reste important pour lui et pour son image que sa douce moitié arbore une certaine élégance, ce qui poussera Madame Capricorne a des efforts qui, somme toute, la satisferont.

Il est aussi indéniable qu'une entente sexuelle intense

existera entre eux car madame Capricorne ne saura guère résister aux demandes parfois excessives de monsieur Lion qui entendra ainsi lui démontrer tout son amour.

Monsieur Lion, malgré ses moments de doute, reste un homme optimiste et de belle nature mais il devra souvent compter avec les élans de tristesse de sa dame Capricorne qui a pour habitude d'être tres intérieure, s'épanchant peu sur ses états d'âme, mais qui conserve le plus souvent en son cœur des émotions intenses et parfois difficiles. Que monsieur Lion tache de ne pas l'oublier !

Monsieur LION face à Madame VERSEAU

Monsieur Lion est un homme qui déborde d'énergie et de vitalité mais madame Verseau est une femme à l'activité considérable tant et si bien qu'il arrivera que monsieur Lion est un peu de mal à suivre. D'ailleurs, avec madame Verseau, monsieur Lion ne se sentira pas toujours tres à l'aise tant elle est populaire et capable de motiver un groupe quel qu'il soit. En somme c'est une femme de tête que monsieur Lion aura toutes les peines du monde à maitriser.

Monsieur Lion est entreprenant et il cherche le plus souvent à évoluer au mieux dans son travail. Madame Verseau saura toujours le pousser et le stimuler afin qu'il se surpasse tout comme elle est capable de le faire pour elle-même car en femme déterminée, elle ne lâche jamais rien.

Entre monsieur Lion et madame Verseau, il y aura beaucoup d'échanges, de discussions car madame Verseau a un avis sur tout et ils sont l'un et l'autre cultivés, s'intéressant à une multitude de chose. Ils peuvent même envisager de refaire le monde suivant les critères de madame Verseau mais monsieur Lion, homme réaliste, saura toujours remettre les pieds de madame Verseau sur terre.

Sentimentalement, monsieur Lion trouvera madame Verseau tres attachante mais s'apercevra vite qu'elle n'est pas vraiment démonstrative et que ses élans de tendresse peuvent davantage aller vers des causes perdues que vers celui qui partage son existence, ce qui chagrinera notre monsieur Lion qui aura souvent le sentiment de ne pas arriver à capter l'attention de sa madame Verseau, ce qui n'est certes pas facile. Il est d'ailleurs possible que monsieur Lion ressente à l'égard de madame Verseau une certaine jalousie motivée uniquement par le fait qu'il aura souvent le sentiment qu'elle fait tout mieux que lui.

Monsieur Lion est un être indépendant tout comme madame Verseau et ils sont tous deux stables dans leurs opinions et leurs sentiments, ce qui favorisera la durée de cette relation. Maintenant, monsieur Lion ne devra jamais oublier que pour madame Verseau, les préoccupations sentimentales passent au second plan d'où parfois un fort sentiment de solitude à redouter pour notre monsieur Lion !

Il est donc peut-être préférable pour monsieur Lion

d'envisager avec madame Verseau une simple relation amicale bien que l'amour fait parfois accepter tant de choses que l'on ne peut vraiment prédire au sujet d'une telle relation, malgré tout positive !

Monsieur LION face à Madame POISSON

Lorsque monsieur Lion va rencontrer madame Poisson, il pourra peut-être avoir le sentiment qu'elle est quelque peu en dehors de tout ce qu'il a connu. Cependant, monsieur Lion sera toujours très intrigué par madame Poisson tant elle est dans un monde qui lui est parfaitement inconnu.

En fréquentant madame Poisson, monsieur Lion accédera à un univers fait de merveilleux et de magie qui pourrait fort bien le séduire jusqu'à ce qu'il y adhère lui-même. Toutefois, monsieur Lion s'efforcera toujours de garder les pieds sur terre.

Au début de leur rencontre, il est possible que monsieur Lion ne parvienne pas à faire comprendre à madame Poisson qu'elle fait battre son cœur, tant cela peut lui paraître impossible qu'un homme tel que lui fasse attention à elle. Mais une fois cela fait, madame Poisson n'aura de cesse que de lui plaire, ce qui ne pourra que ravir monsieur Lion. Dorénavant, madame Poisson deviendra, de manière toute instinctive, celle que monsieur Lion souhaite, car madame Poisson sait, en de multiples circonstances, devenir une autre, celle que l'on désire posséder.

Monsieur Lion est un homme agréable, accueillant,

pour qui la vie extérieure joue un grand rôle. Et c'est peut-être ici un point de divergence qui pourra subsister. Monsieur Lion appartient aux autres, à ses amis et à ses relations, tandis que madame Poisson peut facilement se contenter de sa vie toute intérieure. Mais madame Poisson devra apprendre à calquer sa vie sur celle de monsieur Lion et devra faire l'effort de le suivre, car monsieur Lion, bien qu'entouré souvent de prétendantes, ne voudra que madame Poisson à ses côtés. Mais madame Poisson est indolente et il faudra parfois qu'elle se fasse violence pour s'occuper d'elle car elle aime le plus souvent être à l'aise dans des tenues plutôt décontractées, ce qui ne sera pas vraiment du gout de monsieur Lion

Professionnellement, monsieur Lion aura quelques difficultés à pouvoir compter sur madame Poisson. Non pas qu'elle ne le soutiendra pas mais elle aura peut-être tendance à voir les choses à sa manière tantôt très positivement tantôt l'inverse, tant et si bien que monsieur Lion se sentira un peu déstabilisé, préférant finalement ne compter que sur lui-même.

Rien ne s'oppose vraiment à la réussite de cette relation car il faut aussi compter avec les sentiments, mais pour que ce couple dure, il faudra envisager une multitude de concessions que peut-être seul monsieur Lion sera à même de faire. Il ne s'agit pas de dire que madame Poisson fera preuve de mauvaise volonté, loin de là, mais elle est d'un naturel instable et son inconstance peut ne pas lui permettre les efforts nécessaires à moyen terme. Que monsieur Lion ne l'oublie pas !!

www.ingramcontent.com/pod-product-compliance
Lightning Source LLC
La Vergne TN
LVHW021548080426
835509LV00019B/2907